AF338642

Antiques De L'ame Dévote

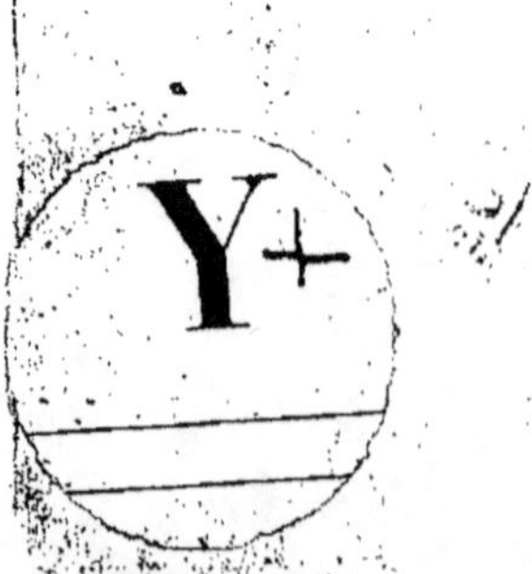

CANTIQU S

DE

L'AME DÉVOTE

TOULON,

IMPRIMERIE ET LITHOGRAPHIE D'E. AUREL,

rue de l'Arsenal, 13.

1862.

CANTIQUES

DE

L'AME DÉVOTE

NOTRE-DAME DE LA GARDE

POUR LES MARINIERS.

Sur l'air. *Un jour le berger Tircis, etc.*

VIERGE Sainte, exaucez-nous,
Notre espoir est tout en vous;
Chère Dame de la Garde,
Très-digne Mère de Dieu,
Soyez notre sauve-garde,
Pour nous défendre en tout lieu.
   Si vous daignez nous garder,
Nous pourrons tout hasarder;
Quelque effort que le Turc fasse,
Nous nous moquerons de lui,
En abattant son audace,
Par votre invisible appui.
   Nous serons hors des dangers;
Devant ses vaisseaux légers;
En dépit de sa furie,
Nous braverons son croissant,
Et toute la Barbarie,
Sous votre bras tout puissant.
   Qu'aucun écumeur de mer
Ne puisse nous alarmer;
Que nos vaisseaux, nos galères,
Et tout autre bâtiment,
Puissent, malgré les corsaires,
Naviguer heureusement.

Lorsqu'un bruyant tourbillon
Est poussé par l'aquilon ;
Lorsque le tonnerre gronde ,
Et que tout semble périr ,
Hâtez-vous , Reine du monde ,
De nous venir secourir.

Soutenez de votre bras
Et nos vergues et nos mâts ;
Fortifiez le bordage ,
Les cables et les haubans ,
Pour faire tête à l'orage ,
Parmi la fureur des vents.

Claire étoile de la mer
Montrez-vous dans le danger ;
Dans la nuit la plus obscure ,
Servez de phare et de nord ,
A ceux qui , sous votre augure ,
Espèrent de prendre port

Conservez à tous momens
Tous nos pauvres bâtiments ;
Faites que pas un n'échoue ,
Quand les écueils et les flots
Font trembler de poupe à proue ,
Le Chef et les matelots.

Si l'ancre vient à chasser ,
Gardez nous de nous froisser ;
Soyez notre ancre maîtresse ,
Aidez notre faible effort ,
Et nous donnez quelque adresse ,
Pour nous guider vers le port.

Ouvrez les yeux aux nochers ,
Pour voir de loin les rochers ;
Et quand les vagues chenues
Font bondir le bâtiment
Des abimes jusqu'aux nues ,
Assistez-nous promptement.

Conservez-nous l'artimon ,
La boussole et le timon ;
Lorsque nous courons fortune ,

Au gré des vents et des flots,
Tendez la main, belle lune,
Aux besoins de vos dévots.
　　Ne nous permettez jamais
De rompre entre nous la paix.
Chassez loin, douce Marie,
De tribord et de bâbord,
Le trouble et la crierie,
En nous tenant bien d'accord.
　　Chacun de nous est fâché
D'avoir si souvent péché :
O Dame de bonne garde !
Faites-nous ressouvenir
Que par tout Dieu nous regarde,
Pour mieux vivre à l'avenir.
　　Conservez-nous la santé,
La vie et la liberté :
Vous pouvez, Vierge céleste
Nous préserver jour et nuit,
De la guerre et de la peste,
Et de tout ce qui nous nuit.
　　Suppliez votre cher Fils
Qu'il bénisse nos profits ;
Ajoutez au bon passage,
Un heureux et prompt retour,
Et nous vous rendrons hommage,
Avec sentiment d'amour.

DU PATRIARCHE JOSEPH,

Vendu, chaste, élevé aux honneurs de l'Egypte,
et reconnu par ses Frères.

Sur l'Air : *Jésus, plein d'amour extrême.*

JOSEPH VENDU.

Joseph à ses Frères.

PERMETTEZ qu'avec franchise　Je vous dise
Ce que j'ai vu cette nuit ;

Ne condamnez pas mon songe   De mensonge,
Car c'est Dieu qui l'a produit.

Ses Frères.

Tu veux faire le prophète   De ta tête,
Et tu nous rends plus jaloux ;
Tout ce que tu dis nous choque,   Et provoque
Contre toi notre courroux.

Joseph.

Vous me croirez un superbe ,   Car ma gerbe
Avait les vôtres autour ,
Elles lui rendaient hommage ,   Pour présage
Que vous me ferez la cour.

Ses Frères.

Tu nous piques , tu nous braves ,   En esclaves ;
Serons-nous tes serviteurs ?
Tu n'acquiers que notre haine   Pour ta peine ;
Nous ne sommes point flatteurs.

Joseph.

J'ai vu sous de sombres voiles   Onze Etoiles,
La Lune avec le Soleil ,
Ils m'ont fait la révérence ,   En silence ,
Tout le long de mon sommeil.

Son Père.

Tu crois donc que chaque frère ,   Père et mère ,
Doivent un jour t'adorer ?
Chasse loin ta propre estime ,   Comme un crime ;
C'est à toi de m'honorer.

Joseph.

De bon cœur mon très-cher père ,   Je révère
Tout ce qui dépend de vous ;
Vous serez toujours le maître ,   Je veux être
L'humble serviteur de tous.

Son Père.

Va, cher fils, par les montagnes,   Les campagnes,
Les vallons et les côteaux ;

Va voir l'état des affaires   De tes frères ,
Et celui de nos troupeaux.

Joseph.

De ce pas , avec liesse ,   Et vitesse,
Je vais chercher nos bergers ;
Priez Dieu pour ce voyage ,   Qui m'engage
A mille et mille dangers.

Un Passant.

Mon ami , tu ne vois goutte   Dans ta route ;
Tous tes pas sont égarés ;
Je crains fort que quelque bête   Ne t'arrête ,
Au milieu de ces forêts.

Joseph.

Quelque tigre , loup ou louve ,   Que je trouve ,
Le Seigneur peut m'en sauver :
J'ai cherché par-tout mes frères ,   Solitaires ,
Sans avoir pu les trouver.

Le Passant.

Ils ont dit qu'ils allaient faire   Leur repaire
Au quartier de Dothaïn ,
Si tu veux trouver leur gîte ,   Marche vîte ,
Et prends le plus court chemin.

Ses Frères.

Voici celui qui nous fâche   Sans relâche ,
Mais il faut le terrasser ;
Punissons ses rêveries ,   Ses folies ,
En feignant de l'embrasser.

Ruben.

Oseriez-vous vous défaire   D'un tel frère ,
Sans épargner votre chair ?
Je n'y saurais condescendre ,   Ni me rendre ;
Cet innocent m'est trop cher.

Ses Frères.

Nous trouverons pour couverte   De sa perte ,
Ou les tigres , ou les ours ;

Il a voulu nous prédire   Son empire,
Il faut terminer ses jours.

Ruben.

Cette citerne profonde   Nous seconde,
Pour le conserver vivant ;
Donnons-lui cette demeure ,   Sans qu'il meure,
Aucun n'en aura le vent.

Juda.

Son sang crierait vengeance ,   Sans clémence ,
Contre nos cœurs fraternels ;
Il sera mieux de le vendre,   Pour nous rendre
Devant Dieu moins criminels.

Ses Frères.

Vas-tu point, Ismaélite ,   En Egypte ,
Avec ta myrrhe et ta poix ?
Nous te vendons cet esclave ,   Jeune et brave ,
Qu'on a trouvé dans ce bois.

L'Ismaélite.

J'ai vidé presque ma bourse ,   Dans ma course,
Je n'ai que bien peu d'argent :
Voyez si nous pourrions faire   Cette affaire ,
Pour vingt deniers seulement.

Ses Frères.

Cette somme suffisante ,   Nous contente ,
Prends cet esclave et t'enfuis ;
Tu peux aller le revendre ,   Et t'attendre
De gagner beaucoup sur lui.

Ruben.

Ah ! citerne déloyale   Et fatale ,
Qu'as-tu fais du pauvre enfant ?
Je ne vois plus ni sa face,   Ni sa trace;
De regret mon cœur se fend.
Que deviendra notre père   Débonnaire ,
Que pensera-t-il de nous ?
Il croira qu'en ce bocage ,   Notre rage
A livré Joseph au loups.

Ses Frères.

Que nous sert-il de tant craindre ?   Il faut teindre
Sa robe au sang d'un chevreau ,
Et puis nous ferons en sorte   Qu'on la porte
A Jacob ce vieux jumeau.

Réflexion.

Tu vois , pécheur, que l'envie   Fut suivie
Du plus noir des attentats :
Abhorre donc et déteste ,   Cette peste
Qui trouble tous les Etats.
    Ne tire plus ton supplice ,   Par ce vice ,
Du bonheur de ton prochain ;
Change soudain ta tristesse   En liesse ,
Lorsque tu verras son gain.
    Laisse réussir ton frère ,   Sans rien faire
Contre sa prospérité ;
Demande à Dieu qu'il enflamme ,   Dans ton âme ,
Le feu de la charité.

LA CONVERSION

DE SAINTE MARIE-MAGDELEINE.

Air : *Ruisseau qui cours après toi-même.*

MARTHE.

Eveillez-vous , ô Magdeleine !
Venez assister au sermon ,
Tirez-vous des mains du démon ,
Quittez votre vie mondaine ;
Venez ouïr Jésus, sa voix vous touchera ,
Et sa beauté * vous charmera.
    Jésus. Esprit mondain, femme volage,
Je prêche à ton cœur cette fois ,
Ne l'endurcis plus à ma voix ;

Viens, je veux être ton partage ;
Ne sors pas du sermon que je ne sois vainqueur
De ton esprit * et de ton cœur.

Magdeleine. Je suis à vous, source de grâce ;
Mon cœur que vous avez conquis,
Vous est entièrement acquis,
Je veux marcher sur votre trace ;
Je m'en vais, de ce pas, quitter mes ornemens,
Et renoncer * à mes amans.

Marthe. Hé ! que vois-je, ma bien-aimée ?
D'où vient un changement si prompt ?
Avez-vous reçu quelque affront,
Qui vous ait si fort animée ?
Et pourquoi foulez-vous vos perles, vos rubis,
Vos Affiquets, * vos beaux habits ?

Magdeleine. J'en ai raison, laissez-moi faire ;
Je voudrais mourir de douleur ;
Jésus vient de percer mon cœur,
Ah ! je ne veux plus lui déplaire.
Tout ce qui m'a servi d'instrument contre lui,
Doit prendre fin * dès aujourd'hui.

Marthe. Ma chère sœur, soyez constante,
Moquez-vous du qu'en dira-t-on ;
Allez au banquet de Simon,
En véritable pénitente ;
Arrosez de vos pleurs les pieds de Jésus-Christ,
Avec un cœur * humble et contrit.

Essuyez-les de votre tresse ;
Unissez-vous étroitement,
Au cœur de ce divin Amant
Qui pour vous a tant de tendresse ;
N'écoutez point les Juifs, laissez les murmurer,
Ei n'ayez soin * que de pleurer.

Magdeleine. Que l'on me blâme, et qu'on murmure
De me voir aux pieds de mon Roi,
Pourvu qu'il ait pitié de moi,
Je souffrirai toute censure :
Et pourquoi craindre, hélas ! mes horribles forfaits
Excuseront * ce que je fais.

Pleurez mes yeux , fondez en larmes ;
Mon cœur, embrase toi d'amour.
Et consume toi nuit et jour.
Pour Jésus l'objet de mes charmes :
Je ne puis vous parler, ô mon divin Sauveur !!
Que par l'amour * et la douleur.
   Jésus. Les Anges sont dans l'allégresse ,
De voir cette femme à mes pieds ,
Qu'elle baise et retient liés
De tous les cheveux de sa tresse ;
Mais plusieurs sont jaloux du précieux onguent
Que sur mes pieds * elle répand.
   Le Pharisien. Ah ! si cet homme était prophète,
Sans doute il ne permettrait point
Que la pécheresse qui l'oint ,
Mît sur ses pieds sa bouche infecte :
Elle ne pleure ainsi que pour s'en faire aimer ;
Elle a dessein * de le charmer.
   Jésus. Simon , vois-tu bien cette femme ?
Ce qu'elle a fait est un miroir
Où tu découvres ton devoir,
Si tu veux brûler de ma flamme ;
Elle baise mes pieds dès qu'elle les a vus ,
Les essuyant * de ses cheveux.
   Je lui pardonne tous ses crimes ,
Parce qu'elle a beaucoup aimé ,
Et que son cœur est abimé
Beaucoup plus bas que tu n'estimes :
On prêchera par tout ses larmes et sa foi ,
Et tant d'amour * qu'elle a pour moi.
   Va, femme, ta foi t'a sauvée ;
Calme ton cœur, retourne en paix ,
Tu n'as plus en toi de forfaits ,
Ma grace et tes pleurs t'ont lavée ;
Va publier partout, malgré tes ennemis ,
Que tes péchés * te sont remis.
   Magdeleine. Souffrez Seigneur, je vous supplie ,
Que je me tienne auprès de vous ,
Pour rendre témoignage à tous ,

Que je viens de changer de vie ;
Mes soins et mes plaisirs sont de vous écouter ,
M'unir à vous * et vous goûter.

Marthe. J'agis toujours , ma sœur contemple ;
J'apprête seule le repas ;
Doux Jésus, ne voulez-vous pas
Qu'elle travaille à mon exemple ?
Dites-lui, mon Sauveur, qu'il n'est pas à propos
D'être toujours * dans le repos.

Jésus. Laisse ta sœur en ma présence ,
Et sache que j'estime moins
Ton empressement et tes soins
Que son repos et son silence ;
Fais choix, comme elle a fait, de la meilleure part ,
En t'occupant * de mon regard.

Magdeleine. Dieu de mon cœur, ma douce vie ,
Vos souffrances me font souffrir ,
Et votre mort me fait mourir ;
Car je vous suis toute asservie :
Eh ! ne permettez pas que je vive après vous ;
Mourons tous deux * aux yeux de tous.

Jésus. Console-toi, fidèle amante ;
Tâche avec soin de ramasser
Le sang que je viens de verser ;
Demeure toujours pénitente :
Tu m'aimes ardemment, et je t'aime à mon tour ;
Souffre avec moi * par pur amour.

Magdeleine. Jésus est mort, ah ! que je meure ,
Ou que je fonde toute en pleurs ,
Aux pieds de l'homme de douleurs
Que toute la nature pleure !
Hélas ! je n'en puis plus, on va mettre au tombeau
Ma vie unique * et mon flambeau.

Des Anges. Qu'as-tu perdu, femme éplorée !
Nous voici pour t'encourager ,
Et même pour te soulager
Dans ta douleur démesurée :
As-tu perdu tes biens ? Arrête, arrête ici ,
Et fais-nous part * de ton souci.

Magdeleine. J'ai tout perdu perdant mon Maître ;
Je n'ai pas affaire de vous ,
Je cherche mon divin Epoux,
L'auteur et la fin de mon être :
Ah ! laissez-moi passer, ne me détournez pas ,
Je veux chercher * jusqu'au trépas.

   Cher jardinier, dis-moi, de grace ,
Aurais-tu pris dans ce tombeau ,
De tous les hommes le plus beau ?
Ah ! montre-moi sa sainte face ;
Déclare où tu l'as mis, et je l'enlèverai ,
Pour le porter * où je serai.

   Jésus. Ne cherche plus, heureuse amante ;
Me voici, ne me touche pas ;
Porte à tes frères, de ce pas,
Cette nouvelle consolante :
Tu me vois avant tous, n'ayant pu me cacher
A ton ardeur * à me chercher.

   Les Juifs. Entrez, Sara, dans la nacelle,
Lazare, Marthe et Maximin ,
Cléon, Trophime, Saturnin ,
Les trois Marie et Marcelle ,
Eutrope et Martial, Cedoine avec Joseph ;
Vous périrez * dans cette nef.

   Allez sans voile et sans cordage ,
Sans mât, sans ancre, sans timon ,
Sans alimens, sans aviron ,
Allez faire un triste naufrage ;
Retirez-vous d'ici, laissez-nous en repos ,
Allez crever * parmi les flots.

          Cette sainte Troupe.
Doux Rédempteur, divin Monarque ,
Soyez prompt à nous secourir ,
Car nous allons bientôt périr ,
Si vous ne conduisez la barque ;
Jetez-nous dans un port pour publier la foi,
Et les douceurs * de votre loi.

   Rendons nos vœux et nos hommages
Au Très-Haut qui nous a sauvés ,

Et qui seul nous a conservés,
Parmi les flots et les orages;
Allons tous promptement prêcher de tous côtés,
De notre foi * les vérités.

Magdeleine. Restez ici, mon cher Lazare,
Vous êtes propre pour ce lieu;
Tâchez d'y convertir à Dieu
Ce peuple idolâtre et barbare;
Vous y mourrez un jour pour la seconde fois,
Digne Pasteur * des Marseillois.

Je vois la foi bien établie,
Tout ce peuple adore la Croix;
Je n'ai plus qu'à chercher un bois,
Pour y pleurer toute ma vie,
Et pour y méditer ce que le Roi des Cieux
Vient de souffrir * dans les saints lieux.

Assignez-moi, Dieu de mon âme,
Quelque recoin des plus secrets,
Où j'aille nourrir mes regrets,
Et les ardeurs de votre flamme,
Placez-moi dans un lieu qui puisse m'animer
A fondre en pleurs, * et vous aimer.

Une troupe d'Anges.

Viens dans un bois de la Provence,
Où tu pourras, jusqu'à la fin,
Aimer Dieu comme un Séraphin,
Pleurer et faire pénitence;
Voici le bois affreux et le creux d'un rocher,
Que nous t'offrons * pour te cacher.

LES LARMES DE SAINTE MAGDELEINE,

AU DÉSERT DE LA SAINTE-BAUME.

Air : *Où êtes-vous, Birenne, mon amour ?*

SOMBRE forêt, prends part à mes douleurs,
Bois sans pareil, désert de la Provence;

Le cœur contrit, les yeux noyés de pleurs,
Je viens ici pour faire pénitence.

Creux du dragon, insensible rocher,
Que je choisis pour ma chère demeure,
Entends mes pleurs, et t'y laissant toucher,
Pleure avec moi jusqu'à ce que je meure.

Ah ! c'est trop peu que de pleurer trente ans ;
Après ma mort, il faut que de ta voûte,
Tant que les Cieux feront durer le temps,
Tes claires eaux distillent goutte à goutte.

Monstres affreux, farouches animaux .
Sortez d'ici, cédez-moi cette Baume ;
Mon Médecin y veut guérir mes maux,
Changeant mes pleurs en un souverain baume.

L'âme et le corps ont irrité mon Dieu,
En ajoutant offense sur offense ;
J'ai résolu que tous deux en ce lieu,
Pour l'apaiser, embrassent la souffrance.

Si le Sauveur m'accorde le pardon,
Si sa bonté m'affranchit du supplice,
Je ne dois pas, sous ombre qu'il est bon,
Mettre en oubli les droits de sa justice.

Puisque sa main ne veut pas me punir,
Par un effet de son amour extrême,
J'en veux garder l'éternel souvenir,
Et châtier mes péchés par moi-même.

Tout doit pleurer dans cet antre pleureur,
Tout doit sans fin témoigner ma tristesse,
Et faire voir combien je sens d'horreur
D'avoir été si longtemps pécheresse.

Conçois, mon cœur, des regrets éternels,
Déplore ici tes flammes criminelles
Qui consumaient tant de cœurs criminels,
Les engageant aux flammes éternelles.

Pour mettre ici mes vanités à bas,
Mon triste cœur m'en fournira les armes ;
Par mes sanglots, les perles de mes bras
Enfanteront les perles de mes larmes.

Pleurez, mes yeux, sans dire c'est assez ;

Que dans vos eaux je sois toujours noyée,
Pour effacer des crimes effacés,
Et nettoyer mon âme nettoyée.

Ah ! mes soupirs, confessez mon erreur ;
Et vous, mes mains, vengez d'un Dieu l'outrage,
En vous armant d'une sainte fureur,
Pour amortir le teint de mon visage.

Les vains objets qui ravissent mes sens,
N'auront pour moi désormais plus d'amorce :
Mon chaste Epoux, par ses traits ravissants ;
M'en fait jurer un éternel divorce.

De jour, de nuit, dans ces vastes déserts,
Je collerai ma bouche contre terre,
Pour la punir des infâmes baisers
Qui jour et nuit faisaient à Dieu la guerre.

Mes bras mondains, pour leurs embrassements,
Seront en croix autant qu'ils pourront l'être ;
Mes cheveux d'or, filets de tant d'amants,
M'attacheront aux pieds de mon doux Maître.

Mes pieds errants, pour tous leurs mauvais pas,
Seront piqués de cailloux et d'épines,
Et tout mon corps, pour ses divers ébats,
Sera meurtri à coups de disciplines.

Pour les galants qui me faisaient la cour,
Je me verrai seule dans ces bocages :
Pour les beaux airs et les chansons d'amour,
J'aurai les cris des animaux sauvages.

Mes affiquets, mes mouches et mon fard
Me vont causer un rigoureux supplice ;
Mes beaux habits de soie et de brocard,
Seront changés en un rude cilice.

Mon odorat aura des puanteurs,
Pour l'ambre gris, le musc et la civette,
Pour les parfums et les douces senteurs,
Dont j'embaumais ma chambre et ma layette.

J'aurai toujours la douleur pour mon pain,
Mon cher Epoux pour mon heureux partage,
Pour mon miroir une Croix à la main,
Le roc pour lit et mes pleurs pour breuvage.

Je veux enfin, en l'état où je suis,
Pleurer toujours ma lâche ingratitude ;
Je veux nourrir mes regrets, mes ennuis,
Dans le recoin de cette solitude.

Réflexion.

Pleure, pécheur, tes péchés à ton tour ;
En te moulant sur notre Pénitente ;
Va quelquefois visiter son séjour,
Pour ranimer ton âme languissante.

Tout ce saint lieu t'invite à te sauver :
Son bois affreux t'apprend la vie austère ;
L'eau de son roc à toujours te laver,
Et son cachot à vivre en solitaire.

Obtenez-nous, Amante de Jésus,
Que nous fassions comme vous pénitence,
Et qu'aimant Dieu, nous ne l'offensions plus,
Pour mériter du ciel la récompense.

LES JOIES DE SAINTE MARIE-MAGDELEINE.

QUE L'ON CHANTE A LA SAINTE-BAUME.

Sur l'Air : *Nos petits moutons paissent l'herbette.*

GAUDE PIA MAGDALENA, etc.

Réjouissez-vous, ô Magdeleine !
Parfait miroir de piété,
Espoir de salut, vive fontaine,
Brasier ardent de charité ;
Vous servez d'asile et d'assurance
Au pécheur le plus abattu :
Daignez m'accorder votre assistance,
Si mon espoir est combattu.

Gaude, dulcis advocata, etc.

Réjouissez-vous, illustre Sainte,
Douce avocate des pécheurs,
Qui par votre amour chassez la crainte,
Les ranimant de vos ardeurs :

Vous êtes la règle et l'exemplaire
De leurs cœurs vraiments pénitents ;
Faites-moi gémir, pour satisfaire
A l'abus que j'ai fait du temps.

       Gaude, felix Deo grata, etc.

Réjouissez-vous, heureuse Dame,
Perle agréable au Dieu caché ,
Qui, pour épouser votre chère âme,
La délivre de tout péché ;
O quelle faveur ! ô quelle grâce !
Le Sauveur se rend à vos pleurs ;
Faites-moi pleurer, fondez ma glace,
Me pénétrant de vos douleurs.

       Gaude, lotrix pedum Christi, etc.

Réjouissez-vous, source de larmes ,
Aux pieds sacrés de Jésus-Christ ,
Vous qui, les lavant, trouvez les charmes
De votre cœur humble et contrit :
Vous l'aimez beaucoup, et lui de même
Vous aime ardemment à son tour ;
Faites que sans fin tout mon cœur aime
Un Dieu qui veut tout mon amour.

       Gaude, prima digna frui, etc.

Réjouissez-vous, divine Amante,
A qui Jésus ressuscité ,
Fait voir la splendeur toute éclatante ,
De sa très-sainte humanité ;
Il se montre à vous avant tout autre ,
Voulant terminer votre ennui :
Rendez mon souci semblable au vôtre,
Pour ne plus rechercher que lui.

       Gaude, quæ septenis horis, etc.

Réjouissez-vous avec les Anges ,
Qui vous élèvent vers les Cieux ,
Chantant au Très-Haut mille louanges,
Par des concerts mélodieux ;
Sept fois chaque jour, du fond de l'antre ,
Ils vous vont porter au pilier :
Elevez mon cœur jusqu'à son centre ,

Pour s'y consumer tout entier.
>   *Gaude, quœ nunc sublimeris, etc.*
Réjouissez-vous, femme exaltée
Parmi les plus grands Séraphins,
Votre âme une fois ressuscitée,
Vainquit tous les esprits malins :
Régnez dans la gloire, ô femme forte !
Avec Jésus-Christ votre Epoux,
Et réglez mes pas de telle sorte,
Qu'à la fin j'y règne avec vous.
>   *Fac nos hîc sic pœnitere, etc.*
Faites qu'en l'exil de cette vie,
Je ne pense plus qu'à gémir,
De peur que ma mort ne soit suivie
De la nuit qui me fait frémir ;
Remplissez mon cœur d'une tristesse
Qui purge les maux que j'ai faits,
Pour jouir enfin de l'allégresse
Du beau jour qui dure à jamais.

L'HISTOIRE ADMIRABLE

DE SAINTE GENEVIÈVE DE BRABANT.

Sur l'Air : *La Bergère que je sers.*

ADORONS du Tout puissant
La divine providence,
Qui prend soin de l'innocent,
Et fait voir son innocence ;
Geneviève de Brabant
En fait voir l'expérience :
Suivons-là depuis son berceau,
Jusqu'à son sacré tombeau.

Mon cœur, parlez par mes yeux,
Si vous n'êtes marbre et souche,
Faites paraître en tous lieux,
Que cette histoire vous touche ;
Les larmes parleront mieux

Que les discours de ma bouehe ;
Le récit de tant de malheurs
Ne demande que des pleurs.

   Geneviève en sa maison ,
Encore tendre et petite ,
S'accoutume à l'oraison ,
Et s'y tient comme un Ermite :
Hélas ! elle a bien raison ,
Puisqu'il faudra qu'elle habite
Au milieu des vastes forêts ,
Avec son enfant auprès.

   Les vertus et la beauté
De cette charmante fille ,
Attirent de tout côté ,
De l'honneur à sa famille ;
Mais , par son humilité ,
Plus son beau visage brille ,
Plus son cœur méprise au-dedans
Tout ce qui flatte les sens.

   Elle a de si doux attraits ,
Qu'on se charme en sa présence ;
Chacun joint, dans son palais ,
L'amour à la révérence ;
Plusieurs portent leurs souhaits
A cette noble allianee ;
Mais bien peu veulent hasarder
De la faire demander.

   Siffroi, Seigneur Palatin ,
Avec un bel équipage ,
Ose se mettre en chemin ,
Pour l'avoir en mariage ;
Le ciel secondant sa fin ,
Geneviève est son partage ;
Les voilà tous deux bien contents ,
Mais ce n'est que pour deux ans.

   Martel, homme de valeur ,
Dresse une puissante armée ;
Le Comte y va par honneur ,
Jaloux de sa renommée ;

Mais ce n'est pas sans douleur
Qu'il quitte sa bien aimée,
Lui tenant ce triste propos,
Entrecoupé de sanglots :
   Golo prendra soin de vous.
A ces mots, la chaste Dame
Tombe aux pieds de son époux,
Sur le point de rendre l'âme ;
Par trois fois aux yeux de tous,
Elle blêmit, elle pâme,
Pressentant que ce favori
Sera traître à son mari.
   Il laisse donc, en partant,
De son palais l'intendance
A Golo son confident,
Sans prévoir son imprudence.
Ah ! misérable Intendant,
Que l'abus de ta puissance
Causera de tourments divers
A la Dame que tu sers !
   Geneviève avec Siffroi,
Font une lettre effective,
Qu'ils se mandent par Laufroi,
Témoin de leur douleur vive :
Chacun d'eux conserve en soi
Une espérance craintive,
De pouvoir être assez heureux
Que de se revoir chez eux.
   Golo se trouve tenté
Par la douceur ravissante
Et par la rare beauté
De sa colombe innocente ;
Mais pour n'être rebuté,
Il admire, et se contente
D'exprimer ses mauvais désirs
Par des languissants soupirs.
   Un jour jugeant du portrait
Qu'il voyait de notre Sainte,
Il lui marque son souhait

Par une amoureuse plainte ;
Geneviève, à ce seul trait,
Sent son cœur saisi de crainte,
En tremblant, sans dire un seul mot,
Elle s'enfuit aussitôt.

Ce brutal le lendemain ,
Brûlant d'un amour profane ,
Lui dit tout net son dessein ,
Et la traite en courtisane.
Sache que le Palatin ,
Lui répond notre Suzanne ,
Apprendra ton déréglement ,
Si tu ne vis autrement.

Il tente encore à l'écart ,
Cette illustre et sainte femme ,
Sans que son discours mignard
Puisse rien sur sa belle âme ;
Il tire ensuite un poignard
Et lui dit : Tenez, Madame ,
Enfoncez ce fer dans mon sein ,
Puisque je vous aime en vain.

Ce ministre de Satan ,
Rebuté par la Comtesse ,
Lui reproche que Drogan
Est l'auteur de sa grossesse ;
Et comme un cruel tyran ,
Il les brave, il les oppresse ,
Il les met tous deux en prison ,
Dans l'enclos de la maison.

Drogan, les larmes aux yeux ,
Ne sachant point le mystère ,
Jure par le Roi des Cieux ,
Qu'il est exempt d'adultère ;
Mais Golo tout furieux ,
Le maltraite et le fait taire ,
L'assurant qu'il mourra bientôt
Dans son horrible cachot.

Geneviève jour et nuit ,
Dans sa prison très-obscure ,

Recommande à Dieu son fruit,
Plaint, gémit, soupire et pleure
L'Intendant qui la poursuit,
La sollicite à toute heure,
Il lui dit : Déterminez-vous
A m'avoir pour votre époux.
    Je viens tout présentement
De recevoir une lettre,
Qui nous marque assurément
La mort de notre cher maître :
Le Princesse le dément,
Et le tançant comme un traître,
Le renvoie avec un soufflet,
Tant son discours lui déplaît.
    Golo, sans se rebuter,
A recours à la nourrice,
Pour l'aller solliciter,
Et la plonger dans le vice ;
Mais on a beau la tenter
Par ce dernier artifice,
L'Esprit Saint qui soutient le choc,
La rend plus ferme qu'un roc.
    Juste Arbitre des humains,
C'est ici que je me pâme,
En adorant vos desseins ;
Aux couches de cette Dame :
Faut-il que ses propres mains
Lui servent de sage-femme ?
Ah ! grand Dieu, que vos jugements
Surpassent nos sentiments !
    Elle nomme Benoni,
Son cher fils qu'elle baptise ;
Le voyant ainsi banni
Des sacrés fonts de l'Eglise :
Bon Dieu, soyez vous béni ;
Ce bel Ange sans chemise
Est couché sur de vieux drapeaux,
Qu'on a laissé par lambeaux.
    Pauvre enfant, que tes douleurs ,

Lui dit la mère dolente,
Me feront verser des pleurs !
Ah ! que j'en serai souffrante !
Mais parmi tous nos malheurs,
Mon âme sera contente,
Sachant bien qu'on m'accuse à tort
D'un crime digne de mort.
    Golo ce méchant esprit ,
Enragé contre la Dame ,
Mande au Comte par dépit ,
Un exprès qui la diffame ;
Dans la lettre qu'il écrit ,
Il ne dit rien qui la blâme ,
Aimant mieux la perdre d'honneur ,
Par la bouche du porteur.
    L'exprès s'explique amplement
Sur le secret de la lettre ;
Siffroi répond sagement ,
Que cela ne peut pas être.
L'exprès en vient au serment ,
Et Siffroi voulant connaître
Qui des siens a fait le forfait ,
L'oblige à dire quel est.
    Seigneur votre cuisinier ,
Qui feignait avec adresse
D'être un fidèle Officier ,
A débauché la Comtesse ;
Golo l'a fait prisonnier ,
Aussi bien que sa Maîtresse.
Donnez-moi, Prince malheureux ,
Vos ordres sur tous les deux.
    Ah ! s'écrie alors Siffroi ,
Tout transporté de colère ,
Je n'ai point faussé ma foi ,
Et ma femme est adultère.
Il revient ensuite à soi :
Je n'en veux. dit-il, rien croire ;
Et malgré l'infâme imposteur ,
Il protége son honneur.

Etant enfin trop léger
A croire la calomnie,
Il commande au Messager
Que Drogan perde la vie,
Et qu'on n'ait qu'un corps de fer
Pour sa perfide partie,
Jusqu'à ce qu'il soit au château,
Pour en être le bourreau.

Golo reçoit par l'exprès,
Du Palatin l'ordonnance,
Et par une fausse paix,
Il feint d'user de clémence;
Mais, hélas! bientôt après,
Lorsque personne n'y pense,
Il étouffe avec du poison,
L'innocent dans la prison.

Aussitôt qu'il a le vent
Que le Comte se retire,
Il lui va vîte au-devant,
Et par grimace il soupire;
L'esprit malin l'émouvant,
Il a le front de lui dire :
Ah! Seigneur, je suis bien fâché
Que la Comtesse ait péché.

J'ai fait tout ce que j'ai su,
Pour empêcher le scandale,
Quand je me suis aperçu
Que son commerce était sale;
Mais elle cachait son feu
Et sa passion brutale,
Méprisant son autorité,
Ma rigueur et ma bonté.

Si vous doutez de ma foi,
Une femme fort savante
Vous apprendra mieux que moi
L'état de cette impudente :
Notre crédule Siffroi
Va chez la vieille méchante,
Pour savoir si Golo lui ment,

Ou s'il parle rondement.
    La sorcière lui fait voir
Que Drogan est un lubrique,
Et qu'il trahit son devoir
Avec sa femme impudique :
Le Comte est au désespoir ,
Et trompé par l'art magique ,
Il résolut d'aller brusquement
Perdre la mère et l'enfant.
    L'Intendant fourbe et rusé ,
Dit au Prince avec audace :
Il vaut mieux tout bien pesé ,
Que sans vous je m'en défasse.
Le Seigneur mal-avisé
Ajoute : Allez donc, de grâce ;
Egorgez, sans faire aucun bruit ,
La Comtesse avec son fruit.
    Golo voulant mettre à mort
L'innocente criminelle ,
Le communique d'abord
A la nourrice cruelle ;
Dieu, par un secret ressort ,
Fait que sa fille apprend d'elle ,
Le complot que l'Intendant croit
Etre tenu bien secret.
    Cette fille fait savoir
A notre illustre captive ,
Que l'Intendant a pouvoir
De l'égorger toute vive ;
Elle alors sans s'émouvoir ,
Lui dit d'une voix plaintive :
Pour mon Dieu je veux bien souffrir
Que l'on me fasse mourir.
    Golo dit à deux valets :
Menez l'enfant et la mère ,
Et sans crainte égorgez-les
Dans quelque endroit solitaire ;
Noyez leurs corps, et coupez
La langue de l'adultère ,

Sans manquer, apportez-la-moi,
Pour la montrer à Siffroi.
   On dépouille en la prison,
Notre Princesse dévote;
On la vêt d'un vieux haillon,
On l'outrage, on la garrotte,
La chassant de sa maison,
On lui dit : Traître, bigote,
Va périr sous un coutelas,
Avec l'enfant dans tes bras.
   Elle dit au Palatin,
Dans une lettre touchante :
Cher Siffroi, voici ma fin,
Je vais mourir innocente,
Votre fils tendre et bénin,
Me rend doublement mourante,
Puisqu'on va verser tout le sang
Qu'il a puisé dans mon flanc.
   Ah ! vous avez eu grand tort
De ne pas voir en personne,
Si j'étais digne de mort,
Ou digne d'une couronne ;
Mais puisque tel est mon sort,
De bon cœur je vous pardonne,
Aussi bien que mon persécuteur
Qui s'en prend à mon honneur.
   Adieu donc, triste séjour,
Dit ici notre Comtesse;
Adieu, jardins, adieu, cour,
De bon cœur je vous délaisse ;
Le ciel fera voir un jour,
A l'auteur de ma grossesse,
Qu'il a cru trop légèrement
Golo en son emportement.
   Etant parvenue au bois,
La Sainte obtint par prière,
Pour ne pas mourir deux fois,
Qu'on l'égorgeât la première :
Les valets, à l'humble choix

De leur chaste prisonnière ,
Sont soudain beaucoup attendris ,
Et tous deux bien entrepris.
   Cher compagnon, dit l'un d'eux ,
Nous n'avons point vu de crimes ;
Laissons dans ce bois affreux ,
Ces innocentes victimes :
Nous mériterions tous deux
De tomber dans les abîmes ,
Si nos cœurs n'étaient point touchés ,
De faire de tels péchés.
   Après un court entretien ,
Dieu confirmant leur envie ,
Ils exposent, sans soutien ,
L'enfant et la mère en vie ;
La langue d'un petit chien ,
Trompant Golo, certifie
Qu'ils ont fait tous deux leur devoir ,
Sans qu'on le puisse savoir.
   La Sainte avec son petit ,
S'enfoncent dans le bocage ;
Tout le ciel lui compatit ,
Et lui donne du courage.
Le bois touffu retentit
De son douloureux langage ,
Et des cris qu'elle adresse à Dieu ,
Dans cet effroyable lieu.
   Ah ! dit-elle, me voici
Triste, faible et toute seule ,
Avec un enfant tran i ,
Sans eau, sans lait, sans cellule :
Si vous n'accourez ici ,
Grand Dieu, pour qui mon cœur brûle :
Nous serons bientôt dévorés
Par les bêtes des forêts.
   Pendant qu'elle est dans l'effroi ,
Une voix du ciel lui crie :
Ne craint rien, espère en moi,
Porte ta croix, aime et prie ;

Je te fournirai de quoi
Pour l'entretien de ta vie ,
Et ton fils ne sera pas moins
Le cher objet de mes soins.
    L'enfant l'accable d'ennuis ,
Il fait sa plus grande peine ,
L'ayant fait coucher deux nuits
Dessus l'herbe auprès d'un chêne ;
Mais entendant le doux bruit
Que fait l'eau d'une fontaine ,
Elle voit que le Tout-puissant
Aide au besoin l'innocent.
    Son âme adore d'abord
La Providence divine ,
Voyant son fils demi-mort ,
Remis par l'eau cristalline ;
Elle prend quelque renfort ,
Mangeant un peu de racine ,
Et buvant à son gré de l'eau ,
Que sa main puise au ruisseau.
    Elle cherche en la forêt
Quelque coin pour sa demeure ,
Et Dieu la mène tout droit
Dans une caverne obscure ;
Son sein n'ayant plus de lait ,
Par faute de nourriture ,
Sur-le-champ Dieu donne à son fils
D'une biche le doux pis.
    La biche, deux fois le jour,
Vient aux pieds de la Comtesse ,
Et la Sainte pour retour,
La mignarde et la caresse.
Son cher enfant à son tour ,
Pour marque de sa tendresse ,
Lui départ quelque herbe à manger ,
A dessein de l'engager.
    Arrêtons un peu nos pas
Au milieu de notre course.
Siffroi, qui ne dit qu'hélas ,

Se croit perdu sans ressource ;
Il souffre mille combats ,
Ayant découvert la source
Des malheurs qui de son château
Ont fait un triste tombeau.

Il trouve en son cabinet,
Cette lamentable lettre,
Qui lui déclare assez net,
Que l'Intendant est un traître ;
C'est trop tard qu'il reconnaît
Qu'il ne devait point permettre
Qu'on versât le sang innocent,
Pendant qu'il était absent.

Golo redoutant Siffroi ,
Se retire de sa suite ;
Il croit d'éviter l'effroi ,
Par le moyen de la fuite ;
Mais le ver qu'il a dans soi ,
Lui reproche sa conduite ,
Il lui fait craindre le poteau ,
Et son crime est son bourreau.

Drogan apparaît de nuit ,
Chargé d'une grosse chaîne ;
Siffroi, troublé de ce bruit ,
Est dans une étrange peine ;
Ce mort partout le poursuit ,
Met son esprit à la gêne ,
Il l'embrasse, il le fait blêmir ,
Et l'empêche de dormir.

Notre Prince infortuné
Sent un remords qui l'accable ,
De ce qu'il a condamné
Sa femme, son fils aimable ;
Il semble être forcené ,
Voyant cette ombre effroyable :
Dieu permet qu'il tremble de peur ,
Et que tout lui fait horreur.

Il s'abandonne aux regrets ;
Il plaint et gémit sans cesse ,

Ses pleurs vont jusqu'à l'excès ;
Il veut mourir de tristesse :
Laissons-le dans son palais ,
Retournons à la Comtesse ,
Admirons ce cœur triomphant ,
Dans l'état le plus souffrant ,
   Sa tresse lui sert d'habit ,
Ses pleurs amers de breuvage ;
Elle a la terre pour lit ,
Pour son pain l'herbe sauvage ;
Pour courtisan son petit,
Et les bêtes d'un bocage ;
Pour palais le bois ténébreux ,
Et pour chambre un antre affreux.
   Jésus lui mande une Croix ,
Qui l'anime et la conforte ;
Dès qu'elle va dans le bois ,
Cette même Croix l'escorte :
Elle se plaint une fois ,
Des travaux qu'elle supporte ,
Et son cœur semble se lasser
De toujours recommencer.
   Pèse mes tourments divers ,
Lui dit Jésus, son doux Père ,
Pèse aussi ceux qu'a soufferts ,
A mes pieds ma digne Mère :
Tous tes maux seront légers ,
Si tu nous suis au Calvaire.
Si tu ne nous y suis pas ,
Nuit et jour tu te plaindras.
   O quel spectacle nouveau !
Notre Princesse modeste ,
Regardant nu son agneau ,
L'offre à son Père céleste :
Un loup apporte une peau ,
Dont elle fait une veste ,
Pour couvrir le corps tendrelet
De l'innocent agnelet.
   Elle s'envisage un jour ,
Dans la source du bocage ,

Faisant quelque vain retour
Sur l'état de son visage,
La Mère du bel amour
La reprend et l'encourage,
Et lui dit : Pense à la beauté
Qui dure une éternité.

Parmi ces rares faveurs,
Geneviève se console,
Et bénit Dieu des rigueurs
De l'impitoyable Golo :
Elle souffre ses douleurs,
Sans plus dire une parole ;
Son esprit ne réfléchit plus
Sur les maux les plus aigus.

L'enfant âgé de sept ans,
Flatte un jour sa bonne mère,
Et lui dit par passe-temps :
Qui, de grâce. est mon cher père ?
Vous m'ordonnez qu'en tout temps
Je l'aime et je le révère ;
Le moyen que j'en fasse cas.
Si je ne le connais pas.

Ah ! mon fils, que dites-vous ?
Répond la mère éplorée ;
Votre père, mon époux,
Habite au ciel empyrée ;
Il est pourtant avec nous,
Il nous garde, il nous récrée ;
C'est en lui que nous nous mouvons,
Que nous sommes et vivons.

Mais pendant qu'elle l'instruit
Sur notre sainte créance,
Une fièvre la détruit,
Elle tombe en défaillance ;
Benoni fait un tel bruit,
Voyant que la mort s'avance,
Qu'à ses cris la mère revient,
Le console et l'entretient,

Adieu, lui dit-elle, adieu,

Pendant qu'il crie et qu'il pleure ,
Je rends grâces à mon Dieu ,
S'il veut qu'à présent je meure ;
Enterrez-moi dans ce lieu ,
Qui m'a servi de demeure ;
Et si Dieu veut vous y laisser ,
Souffrez-y sans vous lasser.

S'il vous appelle au château ,
Allez-y, soyez-y sage ;
Siffroi verra son tableau ,
Aux traits de votre visage ;
Le plus délicat pinceau
N'en ferait pas mieux l'image ;
Soyez sûr qu'il vous connaîtra ,
Dès qu'il vous apercevra.

Lorsqu'elle croit de mourir ,
Deux pures Intelligences
Soudain la viennent guérir
De toutes ses défaillances ;
Sa belle âme a beau s'offrir
A de nouvelles souffrances ,
Le Seigneur veut qu'au premier jour
Elle paraisse à la cour.

En ce temps on va brûler
La sorcière détestable ,
Et son cœur ne peut céler
Son forfait abominable ;
Elle dit sans chanceler :
Je me confesse coupable
De la mort et des maux divers
Que Geneviève a soufferts.

Le Comte ici plus prudent ,
Ayant appris ce mystère ,
Rappelle son Intendant ,
Dissimulant sa colère ;
Il commande cependant
Que ce monstre sanguinaire
Soit jeté dans une prison ,
Pour sa noire trahison.

C'est par un juste retour
Que Golo frémit de crainte ,
Au fond de la même tour
Où fut autrefois la Sainte.
Grands et petits de la cour
Sont joyeux de sa contrainte ,
Sans qu'aucun daigne dire un mot
Pour le tirer du cachot.

Siffroi, pour faire un banquet
A tous ceux du parentage,
Va chasser dans la forêt ,
Suivi d'un grand équipage ;
Et la biche dont le lait
Nourrit son fils au bocage,
Le conduit vers le saint rocher ,
Que Dieu ne veut plus cacher.

Il découvre un antre affreux,
Au fond duquel il discerne
Un corps couvert de cheveux ,
Qui se cache et se prosterne ;
Bien qu'il soit fort courageux ,
Il craint devant la caverne ,
Incertain s'il avancera ,
Ou s'il s'en retournera.

La Sainte lui dit alors ,
En baissant toujours la vue :
Monsieur, tenez-vous dehors ,
Car je suis tout-à-fait nue ;
J'avais fait tous mes efforts
Pour n'être jamais connue ;
Mais je vois que le Saint des Saints
A sur moi d'autres desseins.

Ce grand Dieu, plein de bonté,
A fait que ma chevelure
Couvre un peu ma nudité ,
Dans cette sombre demeure ;
Jetez-moi, par charité ,
Un manteau, je vous conjure ,
Pour pouvoir répondre à loisir

A votre pieux désir.
   Tous deux restent ébahis ;
Siffroi dit alors : Ma mie ,
Dites-moi votre pays ,
Et votre nom, je vous prie.
Oh ! que je me réjouis
D'être en votre compagnie !
Nonobstant mon indignité ,
Dites-moi la vérité.
   Monsieur, je suis de Brabant ,
D'une maison renommée :
Mon cher époux est un grand ,
Qui de Martel suit l'armée :
Son déloyal Intendant ,
Après m'avoir diffamée ,
Ordonna, pour mieux se venger ,
Que l'on me vint égorger.
   J'ai vu sept fois la saison
Dont la froideur est extrême ,
Seule avec mon enfanton ,
Que j'aime plus que moi-même :
Geneviève fut le nom
Que je reçus au baptème ;
Le Seigneur m'a fait triompher
Des puissances de l'enfer.
   A ces mots, notre chasseur ,
Reconnaissant la Comtesse ,
Et tressaillant dans son cœur ,
Lui saute au cou d'allégresse ;
Geneviève, avec candeur ,
Lui témoigne sa tendresse ,
Et soudain tout son entretien
Ne tend qu'au souverain bien.
   Ah ! ma fille, dit Siffroi ,
Je t'ai fait un tort insigne ;
De grâce, pardonne-moi ,
Bien que je n'en sois pas digne :
Chaste épouse, hâte-toi
De me donner quelque signe,

Que ton cœur tout doux et tout bon
M'accorde un entier pardon.

   Vivez en paix, cher époux,
Et ne craignez aucun blâme ;
Dieu, qui dispose de nous,
A conduit seul cette trame ;
Le ciel s'est servi de vous,
Pour sanctifier mon âme :
Oublions ce que j'ai souffert
Nuit et jour dans ce désert

   Siffroi déjà fort content,
Sent sa douleur adoucie,
Et demande, en sanglottant,
Si son cher fils est en vie :
Ah ! dit-il, mon pauvre enfant,
Pardonne à ma barbarie ;
Mais, hélas ! qu'es-tu devenu ?
Je ne t'ai pas reconnu.

   A peine a-t-il dit ce mot,
Qu'il voit parmi les épines,
Son fils chargé d'un fagot
De fougère et de racines ;
Ses deux yeux sont aussitôt
Deux sources d'eau cristalline,
Et les cris qu'ils poussent tous trois,
Font retentir tout le bois.

   Geneviève offre des vœux
Pour les oiseaux du bocage,
Pour son antre ténébreux,
Pour chaque animal sauvage ;
Puis ayant pris congé d'eux,
Elle quitte l'ermitage,
Désirant que le Dieu de paix
Les bénisse pour jamais.

   A mesure qu'elle part,
Le désert perd sa lumière,
Les oiseaux de toute part
La plaignent à leur manière ;
Le tigre et le léopard

Sont en deuil dans leur tannière :
On ne voit dans la gaieté,
Que la biche à son côté.
    Le Palatin triomphant,
Mène au château sa conquête ;
La Comtesse et son enfant
Sont dans une paix parfaite ;
Hormis l'infâme Intendant,
Tout le monde est de la fête,
Et l'on voit pendant plusieurs jours,
Un admirable concours.
    Oh ! que le Seigneur est bon,
Quand on l'aime avec tendresse,
Et qu'on commet son renom
A sa divine sagesse !
En égorgeant un poisson,
La bague de la Comtesse,
Qui flottait dans le fond de l'eau,
Brille par tout le château.
    La nuit cède à la clarté,
Le soleil sort de la nue ;
Chacun voit la vérité,
L'innocence est reconnue ;
On n'entend de tout côté,
Que salut et bien-venue ;
Les sanglots, les pleurs, les soupirs,
Se changent en doux plaisirs.
    Golo sort de la prison,
Pour recevoir sa sentence ;
Désespérant du pardon,
Il n'attend que la potence ;
Honteux de sa trahison,
Son cœur tombe en défaillance,
Et Siffroi prononce d'abord
Le juste arrêt de sa mort.
    Geneviève a si bon cœur,
Qu'elle veut sauver la vie
A son calomniateur,
Oubliant sa perfidie ;

Mais cet insigne imposteur
La conjure et la supplie
De vouloir le laisser mourir,
Sans daigner le secourir.

Ah! dit-il, irritez-vous,
Bien loin de m'être indulgente;
Permettez que votre époux
Me confonde et me tourmente :
Je déclare devant tous,
Que vous êtes innocente,
Et que j'ai cent fois attenté
Sur votre pudicité.

Quatre bœufs sont accouplés,
Pour servir à son supplice ;
Ses membres écartelés,
Mettent fin à sa malice.
Chacun dit dans le palais,
Que la divine justice
A bon droit punit l'attentat
De ce domestique ingrat.

Lorsque l'on veut bien traiter
La Princesse vénérable,
Il ne lui faut présenter
Que des racines à table ;
On ne peut rien apprêter
Qui ne lui soit dommageable ;
Elle ne trouve rien de bon ,
Ni pain, ni chair, ni poisson.

Siffroi, ne vous vantez pas
De votre réjouissance ;
Vous direz bientôt, hélas !
Dans l'excès de la souffrance :
Je vois proche du trépas ,
Votre miroir d'innocence :
Tout le ciel, pour la posséder ,
La convie à décéder.

C'est la Mère du Sauveur ,
L'incomparable Marie ,
Qui la remplit de ferveur ,

Et l'appelle à la patrie ;
Geneviève à ce bonheur,
Par un doux transport s'écrie :
Tirez-moi, Marie, après vous,
Pour m'unir à mon époux.
    Elle instruit son Benoni
Sur l'unique et grande affaire ;
Après qu'elle l'a béni,
Elle en charge son cher père :
Le Comte est si fort uni
A sa sainte Solitaire,
Qu'il la pleure et s'y tient auprès
Jusqu'à son heureux décès.
    Sentant approcher sa fin,
Elle prend le viatique ;
Ayant fait au Palatin
Un discours tout angélique,
L'excès de l'amour divin,
Par un sommeil extatique,
Fait voler sa belle âme aux Cieux,
Et rend son corps lumineux.
    Siffroi souffre mille morts,
Dès que la Comtesse est morte ;
Son cher fils endure alors
Un tourment de même sorte :
La biche suit le saint corps,
Quelque part qu'on le transporte,
Et pour mieux témoigner son deuil,
Elle expire à son cercueil.
    Six mois s'étant écoulés,
Un Ermite vénérable,
Se présentant au palais,
Siffroi le fait mettre à table ;
Dès qu'ils se sont accolés,
Notre Prince inconsolable,
Lui fait part, en fondant en pleurs,
Du sujet de ses douleurs.
    Ce prudent Religieux
Compatit à son martyre ;

Il a les larmes aux yeux ,
Il s'attendrit, il soupire ;
Et puis, d'un air sérieux
Il commence par lui dire :
Cher Seigneur, c'est trop lamenter ,
Cessez de vous tourmenter.
    A quoi pensez-vous Siffroi ?
Lui dit-il sans flatterie ;
Croyez-vous pas que la Foi
Nous promet une autre vie ?
Je vous prie, écoutez-moi ,
En souffrant que je vous dise
Qu'il est temps que tous vos regrets
Cèdent aux divins décrets.
    Vous pleurez mal-à-propos
Le bonheur de votre femme ;
Elle jouit du repos ,
Dieu la possède et l'enflamme ;
Contentez-vous de ses os ,
Laissez au ciel sa belle âme ,
Et pensez sérieusement
A vivre plus saintement.
    Après ce doux entretien ,
Siffroi, fidèle à la grâce ,
Pense à quitter tout son bien ,
Un jour qu'il est à la chasse ;
Son cœur ne tenant à rien ,
Un cerf craintif qu'il pourchasse ,
Le conduit à l'antre sacré
Où la Sainte a tant pleuré.
    Dieu, pour le rendre parfait ,
Au milieu du vert bocage ,
Lui donne un puissant attrait
D'y bâtir un ermitage ;
Siffroi consulte en secret
Hidulphe, saint personnage ;
Le Prélat secondant ses vœux :
Allez, dit-il, je le veux.
    Il construit sans différer ,

Une église magnifique,
Puis il y fait transférer
Les os par un doux cantique ;
Et pour les mieux révérer
Dans l'état érémitique,
Il résout d'aller dire adieu
A tout ce qui n'est pas Dieu.
Jésus détache sa main
De la Croix miraculeuse
Que reçut d'un Séraphin
La Princesse glorieuse ;
Il bénit le Palatin,
Et d'une œillade amoureuse,
Il remplit tout-à-coup son cœur
D'une céleste liqueur.

    Pour l'amour du Crucifix,
Siffroi veut charger son frère
De ses biens, de son cher fils,
Et se rendre solitaire ;
Mais l'enfant d'un sens rassis,
Lui répond : Hélas ! cher père,
Voudriez-vous me laisser un bien
Que j'estime moins que rien ?

    Tout ce qu'on voit ici-bas
Est plus frêle que le verre ;
Le désert fait mes appas,
Et non les biens de la terre ;
Je ne crains point les frimas,
Les éclairs, ni le tonnerre ;
J'ai souffert dans le bois sept ans,
Toutes les rigueurs du temps.

    Donnez à qui vous voudrez
Tout votre riche héritage ;
Je ne prétends désormais
Que Dieu seul pour mon partage ;
Je préfère les forêts,
Et le coin d'un ermitage,
A l'éclat de votre château,
Fût-il mille fois plus beau.

L'air de la cour me fait peur ;
Fuyons à la solitude ,
Où Dieu vidant notre cœur ,
En fera la plénitude :
Nous goûterons la faveur
D'une sainte quiétude ,
Attendant d'aller voir un jour ,
Ma mère en l'heureux séjour.

    Siffroi, qui n'attendait pas
Un succès si favorable ,
Baise et serre entre ses bras,
Son Benoni très-aimable ;
Et sans plus faire un seul pas
Après leur bien périssable ,
Ils s'en vont au désert heureux
Pour s'y rendre saints tous deux.

    Sainte, l'honneur du Brabant ,
Glorieuse Anachorète ,
Votre époux et votre enfant
Ont choisi la voie étroite ;
Faites qu'en vous imitant ,
Je me plaise à la retraite ,
Et qu'en tout je n'aie pour but ,
Que Dieu seul et mon salut.

    Vivez, grande Sainte, en paix ,
Dans le séjour de la gloire ,
Et n'abandonnez jamais
Ceux qui liront votre histoire ;
Je veux l'avoir désormais
Empreinte dans ma mémoire ,
Pour marcher d'un plus ferme esprit ,
Sur les pas de Jésus-Christ.

    Apprends ici, cher lecteur ,
A souffrir avec constance ,
Lorsque quelque détracteur
Noircira ton innocence ;
Tâche d'être le vainqueur
Du démon de la vengeance ,
Si tu veux qu'après ton trépas ,
Dieu couronne tes combats.

LA SAMARITAINE.

Sur l'Air : *Hélas mes yeux, quel changement.*

JÉSUS.

O Femme, que mon cœur est las !
Accorde-moi quelque soulas ,
Encor que je sois Juif et toi Samaritaine :
Je suis fatigué du chemin ,
J'ai marché pour toi bien matin ;
Ne me refuse pas de l'eau de ta fontaine.
    La Samaritaine. Seigneur, quel est votre dessein ?
Le Juif et le Samaritain
Ne se fréquentent point, ils n'ont aucun commerce ,
Qu'il vous plaise me pardonner ,
Si je n'ose pas vous donner
A boire de cette eau que sur mes mains je verse.
    Jésus. Si tu savais le don de Dieu ,
Tu ne me dirais pas adieu ,
Et ton âme serait à ma voix attentive ;
Si tu savais bien qui je suis ,
Tu quitterais l'eau de ton puits ,
Tu me demanderais à boire de l'eau vive.
    La Samaritaine. Seigneur, vous n'avez rien en quoi
Vous puisiez de l'eau comme moi,
Le puits est trop profond , comment pourriez-vous
                                        [faire ?]
Jacob, ses enfants, ses troupeaux ,
N'ont bu que de ces claires eaux ;
Etes-vous donc plus grand que Jacob notre père ?
    Jésus. Tous ceux qui boivent de cette eau,
Auront encor soif de nouveau ,
Mais on n'a jamais soif quand on boit à ma source ,
Mon eau de tous maux peut laver ,
Sans elle on ne peut se sauver ;
Quiconque n'en boit point, est perdu sans ressource.
    La Samaritaine. Seigneur, ce m'est un fort grand soin
D'aller puiser de l'eau si loin ;

Donnez-moi de cette eau qui seule désaltère :
Je sens un mouvement profond ,
Qui m'illumine et me confond ;
Mon cœur est tout à vous ; qu'est-ce que je dois faire?
   Jésus. Va-t-en appeler ton mari ,
Qui du grand Dieu n'est point chéri ,
Vu que dans son bourbier, sans rien craindre, il se
                             [vautre ;]
Ne me dis pas, je n'en ai point ;
Je vais te démêler ce point :
On t'a vu cinq maris, mais cet homme est d'une autre.
   La Samaritaine. Vous m'avez dit la vérité
Avec beaucoup de charité.
Non, je n'en doute plus, vous êtes un prophète :
Dites-moi, devant que finir ,
Un mot du Messie à venir ,
Qui doit manifester toute chose secrète.
   Jésus. Le Messie est déjà venu ,
Tu ne l'as pas encore connu ,
Il est devant tes yeux, en un mot, c'est moi-même ;
Laisse donc ta cruche à ce puits ,
De mes discours porte les fruits ,
Va publier partout qu'on me cherche et qu'on m'aime.
   La Samaritaine Venez voir un homme parfait ,
Qui m'a dit tout ce que j'ai fait ;
Vous en serez ravis, c'est le Sauveur des hommes ;
Il a rendu mon cœur contrit ,
   Ayant éclairé mon esprit ;
Allons nous joindre à lui, tous autant que nous sommes.
   Les Samaritains. Aimable Arbitre des humains ,
Qui nous avez faits de vos mains ,
Nous vous reconnaissons pour le Sauveur du monde ;
Nous ne voulons aimer que vous ;
De grâce demeurez chez nous ,
Car ce n'est qu'en vous seul que notre espoir se fonde.
   Femme, plusieurs sont enflammés
Par tes entretiens animés ,
Mais nous venons d'ouïr sa parole divine ;
Nous croyons fermement en lui ,

Et nous voulons dès aujourd'hui ,
Ne nous plus attacher qu'à sa doctrine.
   Réflexion. Bénin Sauveur, par le passé ,
Je vous ai si souvent lassé ,
Et je vous lasse encor bien plus que cette femme ;
Vous avez soif d'être vainqueur
De mon esprit et de mon cœur ,
Et moi je n'ai point soif du salut de mon âme.
   Bon Dieu ! que je reconnais mal
Combien vous m'êtes libéral !
Vous me donnez toujours, jamais je ne m'acquitte ;
Je forme d'insolents projets ,
Je n'aime que les vains objets ,
Je préfère à votre eau, l'eau bourbeuse d'Egypte.
   Cette femme, par sa ferveur,
Triomphe d'abord du Sauveur,
Tandis que je croupis dans ma lâche paresse ;
Elle veut promptement savoir
Toutes les lois de son devoir ,
Et moi je m'en remets à ma seule faiblesse.
   Pécheur, tu te crois bien caché ,
Quand tu commets quelque péché ;
Mais les yeux du Très-Haut pénètrent les abîmes.
Il voit le passé, l'avenir ,
Rien n'échappe à son souvenir ;
Tu verras devant lui le moindre de tes crimes.
   Que dirai-je de ma tiédeur ,
Si je l'oppose à cette ardeur ?
Cette femme fait tout pour attirer ses frères ;
Hélas ! et moi je ne fais rien ,
Ni pour autrui, ni pour mon bien :
Je m'accable de soins qui ne sont que chimères.
   Quelle honte pour les Chrétiens !
Après tant de saints entretiens ,
Ils ne se rendent point à l'Auteur de leur être.
Mon âme prends soin d'écouter ,
Et puis tâche d'exécuter
Tout ce que te dira dans le cœur ton doux Maître.

LA CANANÉE.

Sur l'Air : *Allez, Bergers, dessus l'herbette.*

LA CANANÉE A JÉSUS.

Ah! Fils de David débonnaire ,
De grâce, ayez pitié de moi ,
C'est en vous que mon âme espère,
Avec une constante foi :
Il est vrai, je suis Cananée ,
Mai j'ai quitté Tyr et Sydon ,
Et je suis bien déterminée
De n'obéir plus au démon.

Ma fille est grandement souffrante,
Elle a le démon dans le corps ,
Qui sans relâche la tourmente,
L'affligeant dedans et dehors ;
Ah ! Seigneur, rendez-vous sensible
A la douleur qu'elle ressent ;
Je sais que tout vous est possible ,
Etant le Fils du Tout-Puissant.

Vous avez beau ne me rien dire ,
Je ne m'en offenserai pas ,
J'allégerai mon dur martyre,
Vous suivant partout pas à pas :
Je veux espérer, sans rien craindre ,
Que ma longue importunité
Pourra tôt ou tard vous contraindre
A guérir son infirmité.

La même aux Apôtres.

Je vous conjure, ô saints Apôtres,
De vouloir prier votre Roi ,
Que puisqu'il en guérit tant d'autres ,
Il daigne avoir pitié de moi ;
Il n'a point voulu me répondre,
Il m'a toujours tourné le dos ;
Il ne se plaît qu'à me confondre,
Bien loin de soulager mes maux.

Les Apôtres. Jésus vous dit par son silence,
Qu'il ne veut rien vous accorder ;
Ne lui faites plus violence,
A force de lui demander.
Vous vous rendez digne de blâme
Par tant de discours superflus ;
Laissez-nous en paix, bonne femme ;
Allez-vous-en, ne criez plus.
    La Cananée. Mon affliction est trop grande,
Pour pouvoir cesser de crier ;
Ne croyez pas que j'appréhende
De le suivre et de le prier ;
Si vous n'appuyez ma prière,
Et si vous n'êtes mes adjoints,
Je lui serai toujours derrière,
En lui demandant mes besoins.
    Les Apôtres à Jésus.
Seigneur, cette femme importune
Qui pleure et qui crie après nous,
Et dont la foi n'est point commune,
Attend une faveur de vous ;
Le démon tourmente sa fille,
Elle en est aux derniers abois ;
Faites voir à cette famille
Que tout l'enfer craint votre voix.
    Plus nous lui disons de se taire,
Et de vous laisser en repos,
Plus elle, en sa douleur amère,
Pousse des cris et des sanglots ;
Elle nous prie, elle nous presse,
Elle fait tout ce qu'elle peut
Pour exciter notre tendresse,
Afin d'avoir ce qu'elle veut.
    Vous lui faites la sourde oreille,
Vous l'accablez par vos refus ;
Mais elle n'a point sa pareille
A supporter tous vos rebuts.
Sauveur, dont le cœur est si tendre,
Laissez-vous toucher à ses pleurs ;

Exaucez-la sans plus attendre,
Nous sommes las de ses clameurs.
    Voyez avec quelle constance
Elle demande la santé ;
Voyez sa foi, son espérance ,
Son amour, son humilité ;
Voyez sa ferveur et son zèle ,
Voyez en quel état elle est ;
Nous demandons grâce pour elle ,
Accordez-la-nous, s'il vous plaît.
                Jesus aux Apôtres.
    Je suis envoyé de mon Père ,
Vers mon cher peuple d'Israël ,
Bien qu'en tout il me soit contraire ,
Ingrat, infidèle et cruel ;
L'heure n'est pas encore venue
D'aller vers le peuple gentil ;
Je cherche ma brebis perdue ,
Pour la tirer de tout péril.
                La Cananée à Jésus.
    Seigneur, que tout mon cœur adore ,
En qui je crois comme je dois ,
Souffrez que je vous presse encore
D'avoir compassion de moi ;
Vous pouvez me sauver la vie ,
Et mettre fin à mon malheur ;
Aidez-moi, je vous en supplie ,
Autrement je meurs de douleur.
    Hélas ! une Samaritaine
A reçu de vous le pardon ,
L'Hémorroïsse et Magdelaine
Ont vu combien vous êtes bon ;
Serai-je seule abandonnée
A la merci de Lucifer,
A cause qu'étant Cananée,
Je ne mérite que l'enfer ?
    Jésus. Femme, ta fille est possédée ,
L'ayant justement mérité :
Je dois penser à la Judée

Avant qu'à la Gentilité,
Je ne veux la mort de personne ;
Je fais part à tous de mes biens ;
Mais est-il juste que je donne
Le pain de mes enfants aux chiens ?

La Cananée. Ah ! mon Seigneur, je vous l'accorde,
Je ne dois pas avoir ce pain ;
Mais, par pure miséricorde,
Soûlez de vos miettes ma faim ;
Permettez-moi, quoique païenne,
Que je m'abaisse devant vous,
Ainsi qu'une petite chienne,
Sous votre table, à deux genoux.

Je ne demande que les miettes
Que vos enfants, en leur banquet,
Laissent tomber de leurs serviettes,
Pendant que vous les nourrissez ;
Mon doux Jésus, je veux m'abattre
D'esprit et de corps à vos pieds,
Et j'y veux être opiniâtre,
Jusqu'à ce que vous m'exauciez.

Jésus. O femme ! ta foi plus que grande,
Tes cris, tes pleurs et tes soupirs,
Me font octroyer ta demande ;
Qu'il soit fait selon tes désirs :
Je désirais plus que toi-même,
De voir la fin de ton tourment ;
Mais je prends un plaisir extrême,
Quand quelqu'un me prie humblement.

Je te parlais d'un air sévère,
Afin de te mieux éprouver,
Tandis que comme un bénin père,
Je ne pensais qu'à te sauver :
Je t'humiliais pour ta gloire,
Et pour rehausser ta vertu,
Montrant qu'on n'obtient la victoire
Qu'après avoir bien combattu.

Plusieurs délaissent leur prière,
Sitôt que j'éprouve leur foi,

Et que je soustrais ma lumière,
Afin qu'ils n'y cherchent que moi ;
Tu leur serviras de modèle
D'une profonde humilité,
D'une ferveur toujours nouvelle,
Et d'une ardente charité.

   Je n'aime point une âme lâche,
Qui néglige de s'avancer,
Et qui me quitte ou se relâche,
Dès que je tarde à l'exaucer ;
Demande, cherche, sollicite,
Quand tu voudras quelque faveur ;
C'est par là qu'on croît en mérite,
Et qu'on vient à bout de mon cœur.

   Va-t-en en paix, sois hors de peine,
Et fais profiter mes trésors ;
Ta fille est parfaitement saine
De l'âme aussi bien que du corps ;
Vous êtes toutes deux en grâce,
Par un effet de mes bontés ;
Fuyez sans délai votre race,
Et leurs fausses divinités.

La Cananée.

   Je vous rends grâces, mon doux Maître,
De tous vos insignes bienfaits ;
J'ai désir de les reconnaître,
En ne vous offensant jamais :
Que toutes les troupes des Anges,
Tous les hommes jeunes et vieux,
Vous donnent partout des louanges,
Dessus la terre et dans les Cieux.

   La Fille. Réjouissez-vous, chère mère,
De ma parfaite guérison ;
Je ne crains plus mon adversaire,
On l'a chassé de la maison :
Apprenez-moi, je vous conjure,
Quel est mon libérateur ;
Je veux l'aimer dès à cette heure,
Et le servir avec ferveur.

La Mère. C'est le véritable Messie.
Qui, par son pouvoir souverain,
Vous a pleinement affranchie
Du pouvoir de l'esprit malin.
Oh ! que la prière a des charmes,
Quand on la fait en s'abaissant !
Il n'est point de plus fortes armes,
Pour triompher du Tout-puissant.
   Consacrons nos corps et nos âmes
A ce grand Roi de l'Univers ;
Brûlons nuit et jour de ses flammes,
Souffrons pour lui nos maux divers ;
Soyons fidèles à sa grâce.
Tâchons d'accomplir ses desseins,
Afin de voir au ciel sa face,
Miroir des Anges et des Saints.

DE L'ENFANT PRODIGUE.

Air : *Un jour le Berger Tircis, etc.*

Le Prodigue débauché.

JE suis enfin résolu
D'être en mes mœurs ab-
  solu :
Donnez-moi vîte, mon père
Ce qui revient à ma part,
Vous avez mon autre frère
Consentez à mon départ.
   Le Père.
  Pourquoi veux-tu, mon
  enfant,
Faire ce que Dieu défend.
Veux-tu désoler mon âme,
Nos parents et nos amis ?
Je serais digne de blâme,
Si je te l'avais permis.

Le Prodigue.
  Je veux, en dépit de tous,
M'éloigner d'auprès de
  vous ;
En vain vous faites la guerre
A ma propre volonté,
Je ne crains ni ciel ni terre
Je veux vivre en liberté.
   Le Père.
  Mais hélas ! quelle raison
Te fait quitter la maison ?
Ne te suis-je pas bon père ?
De quoi te plains-tu de moi ?
Et qu'est-ce que je puis
  faire,
Que je ne fasse pour toi ?
   Le Prodigue.
Vous me traitez en barbet,

Et je veux vivre en cadet ;
Vous condamnez à toute
   heure
Le moindre déréglement ;
Je veux changer de de-
   meure ,
Sans retarder un moment.

Le Père.

Adieu donc cœur obstiné,
Adieu, pauvre infortuné ;
Ton égarement me tue ,
J'en suis accablé d'ennuis ,
Je vois ton âme perdue ,
Et ne sais plus où j'en suis.

Le Prodigue.

Venez à moi, libertins ,
Prenez part à mes festins ;
Venez à moi, chers lubri-
   ques ,
Consumons nos courts
   moments.
Dans les infâmes pratiques
Des plus noirs déborde-
   ments.
Pensons à boire, à man-
   ger ,
Dans ce pays étranger ;
Je n'ai plus de peur d'un
   père
Qui me suivait pas à pas ;
Songeons à nous satisfaire
Dans l'ordure et les ébats.
Contentons tous nos dé-
   sirs ,
En nageant dans les plai-
   sirs ,
Et vivons de cette sorte,
Tant que l'argent durera,

Nous irons de porte en
   porte ,
Sitôt qu'il nous manquera.

Réflexion.

Pécheur, remarque en
   ce lieu ,
Le tort que tu fais à Dieu ;
Tu t'enfuis de sa présence,
Afin de boire à longs traits
Le venin de ton offense ,
En dépit de ses attraits.
Sa clémence jour et nuit,
Te recherche et te pour-
   suit ;
Son cœur ne veut pas ta
   perte ,
C'est toi-même qui la veux,
Car sa grace t'est offerte ,
Mais tu dédaignes ses vœux.
Tu crois ton juge bien
   loin.
Et tu l'as pour ton témoin ;
Sa justice met en nombre
Toutes tes méchancetés ,
Malgré la nuit la plus
   sombre ,
Il voit les impuretés.

Le Prodigue pénitent.

O le triste changement ,
Après un train si charmant !
Je ne vois plus à ma suite
Ceux qui me faisaient la
   cour ;
Tout le monde a pris la
   fuite ;
Pas un n'use de retour.
Je me trouve sans appui,
Dans la honte et dans l'en-
   nui.

Ma conduite toute impure
M'a mis au rang des pour-
   ceaux ,
Il est juste que j'endure
Autour de ces animaux.
  Je rougis de mes forfaits,
Et des crimes que j'ai faits.
Je fonds en pleurs, je sou-
   pire ,
Je sens de cuisans remords,
Je souffre un cruel mar-
   tyre ,
De cœur, d'esprit et de
   corps.
  Je meurs même ici de
   faim ,
Faute d'un morceau de
   pain ;
Tandis que chez mon bon
   père ,
Où jamais rien ne défaut,
Le plus chétif mercenaire
En a plus qu'il ne lui faut.
  Je voudrais bien me
   nourrir
Des fruits qu'on laisse
   pourrir ,
Je voudrais bien sous ce
   chêne ,
Les écosses des pourceaux;
Mais j'ai mérité la peine
Qu'attirent les bons mor-
   ceaux.
  Je vais pourtant me lever,
Pour penser à me sauver ;
Il est temps que je dé-
   tourne
Mon cœur de l'iniquité ,
Et qu'enfin je m'en retourne
Vers celui que j'ai quitté.

Reflexion.

  Voici, pécheur, les effets
De tes horribles forfaits ,
Tu n'as plus rien dans le
   monde ,
Le péché t'a tout ôté ,
Et ton âme n'est féconde
Qu'en misère et pauvreté.
  T'étant séparé de Dieu,
Sa grâce t'a dit adieu ;
Toutes tes œuvres sont
   mortes ,
Le démon te tient aux fers,
Tu n'es qu'à deux doigts
   des portes
De la prison des enfers.
  Lève-toi donc prompte-
   ment ,
Pense à vivre saintement ,
Retourne au Père céleste ,
Qui t'attend à bras ou-
   ouverts,
Sors de ton état funeste ,
Et fuis les hommes pervers.

Le Prodigue de retour chez
son père.

  Voici, cher père à ge-
   noux ,
Un fils indigne de vous :
Si vous daignez me per-
   mettre
D'entrer en votre Palais ,
Ce me sera trop que d'être
Comme l'un de vos valets.
  J'ai péché contre les
   Cieux ,
Je n'ose y lever les yeux ,

J'ai péché contre vous-
    même ,
Je crains de vous regarder ;
Ma douleur en est extrême ;
Je suis prêt de m'amender.
  Je me soumets de bon
    cœur
A votre juste rigueur ;
Je ne veux plus vous dé-
    plaire ,
Oubliez ce que je fis ,
Vous êtes encor le père
De ce misérable fils.

Le Père.

  Cher enfant, embrasse-
    moi ,
Je brûle d'amour pour toi,
Mes entrailles son émues ,
Et de joie et de pitié ,
Par ton retour tu remues
Tout ce que j'ai d'amitié.
  Laquais, cherchez des
    souliers ,
Et mettez les à ses pieds ,
Prenez dans ma garde-
    robe
Une bague pour son doigt,
Avec sa première robe ,
Puisqu'il revient comme il
    doit.

Qu'on prépare le veau
    gras ,
J'ai mon fils entre mes
    bras ;
Il avait perdu la vie ,
Mais il est ressuscité :
Chers amis, je vous convie
A cette solennité.

Réflexion.

  C'est ainsi que le Seigneur
Reçoit le pauvre pécheur ;
Il l'embrasse, il le console,
Il l'aime plus que jamais ,
Et d'une simple parole ,
Il remplit tous ses souhaits.
  Fais donc, pécheur, par
    amour ,
Vers Dieu ce parfait re-
    tour ,
Tu recouvreras la grâce ,
Et les dons du S. Esprit ,
L'ennemi rendra la place
De ton cœur à Jésus-
    Christ.
  Tes mérites suspendus ,
Te seront enfin rendus ;
Ta paix en sera parfaite ,
La terre t'en bénir a,
Tout le ciel en fera fête ,
Et l'enfer en rugira.

TABLE DES CANTIQUES

QUE RENFERME

CE RECUEIL.

39